Für Lola Emilia

Titelbild: Goldbek

Die Alsterschiffahrt verfügt über eine mehr als 140-jährige Tradition. Die Goldbek ist der erste Alsterdampfer, der nach dem zweiten Weltkrieg gebaut wurde und steht seit 1951 in den Diensten der heutigen Alster Touristik. 1987 wurde sie zu einem der exklusivsten Schiffe der Alsterflotte umgebaut.

Cover: Goldbek

The alstershipping has a more than 140 year-old tradition. The Goldbek is the first "Alsterdampfer" (= "Steamer"), that was built after World War II. Since 1951 it is run by the Alster Touristik. Rebuilt in 1987 it is one of the most exclusive ships of the alsterfleet.

»ONLY HAMBURG HAS A LAKE IN THE MIDDLE OF THE CITY, SURROUNDED BY MANY TREES AND WHITE VILLAS.«

Dr. Rainer Esser, General Manager DIE ZEIT

»EINEN SEE MITTEN IN DER STADT UMRAHMT VON VIELEN BÄUMEN UND WEISSEN VILLEN GIBT ES NUR IN HAMBURG.«

Dr. Rainer Esser, Geschäftsführer DIE ZEIT

Malerisches Hamburg

Picturesque Hamburg

eine Liebeserklärung von Christian Meier

a declaration of love

mit Zitaten

Hamburger Persönlichkeiten

with quotes of outstanding personalities

VORWORT

Foto: Michael Zapf

Hamburger gelten als besonders heimatgebunden. Sie empfinden ihr Hamburg als die schönste deutsche Stadt und möchten nirgendwo anders leben. Jede Rückkunft aus der Ferne von Süden über die Elbbrücken – eine emotionale Liebeserklärung an die Stadtsilhouette „mit ihrer Türme Hochgestalt und ihrer Schiffe Mastenwald“ - und an das Lebensgefühl unserer toleranten internationalen Hansestadt. Seine welterfahrene Mischung aus selbstverständlicher Neugier auf fremde Menschen aus fernen Kontinenten und weitem Blick über die sieben Meere macht Hamburg unverwechselbar.

„Kein schöner Land in unserer Zeit“ – wer singt das heute noch? Aber jeder Hamburger hat dieses Lied im Gefühl, blickt er auf seine Stadt „an de Alster, an de Elbe, an de Bill.“ Ob Christian Meier singt, weiß ich nicht. Dass er so fühlt, wenn er durch die Stadt wandert, dessen bin ich sicher. Seine Mittel sind Zeichenstift und Pinsel. Jede seiner Stadtansichten zeigt: Hier ist ein Könner mit dem Zeichenblock unterwegs, kennt jede Ecke, jeden Winkel und gewinnt seiner Heimatstadt immer wieder ihre typischen Seiten, ihre schönsten Anblicke ab. Christian Meiers Hamburg-Bilder glaubt man, alle schon irgendwie gesehen zu haben. Aber der Künstler blickt mit anderen Augen, gewinnt seiner Umwelt neue Eindrücke ab, komponiert ihre Farben. So überhöht und unterstreicht er auf seine Art, was jeder schon oftmals gesehen hat. Darin liegt der Reiz seines Hamburg-Buchs.

Man riecht die Elbe, spürt die Brise, hört das Klappern der Tampen – Christian Meiers Hamburg.

Dr. Henning Voscherau

Erster Bürgermeister der Freien und Hansestadt Hamburg von 1988 - 1997

»Hamburg has a special charm through the Alster, the many green areas, its people and the interesting historical development from the Hammaburg to today`s metropolis.«

Olaf Nieß, »Father of the swans«

Alsterschwäne vor den Alsterarkaden

Es gibt mehr als 500 Jahre alte Aufzeichnungen über die Alsterschwäne, die unter dem Schutz der Stadt Hamburg stehen. Seit 1674 setzt die Stadt einen „Schwanenvater" ein, der sich um die Tiere kümmert. Jedes Jahr im November werden die rund 150 Schwäne in kleinen Booten zum eisfreien Mühlenteich in Eppendorf gefahren, ehe sie im März wieder ihr Sommerquartier in der Alster beziehen. Das Einfangen der Schwäne ist jedes Mal eine Attraktion für die Zuschauer.

Alsterswans in front of the Alsterarkades

There are more than 500 year-old notes about the alsterswans, which are protected by the city of Hamburg. Since 1674 the city appoints a "swanfather", who takes care of the animals. Every year in November the 120 swans are being shipped in small boats to the Mühlenteich, an icefree pond in Eppendorf, before they move back to the Alster in March for the summer. The catching of the swans each time is an attraction for the specators.

»Hamburg hat einen besonderen Charme durch die Alster, das viele Grün, die Menschen und die interessante geschichtliche Entwicklung von der Hammaburg zur heutigen Weltstadt.«

Olaf Nieß, Schwanenvater

CHRISTIAN MEIER 2004

Lombardsbrücke / Blick auf die Binnenalster

Die heutige Lombardsbrücke wurde von 1865 bis 1868 gebaut und um die Jahrhundertwende noch einmal verbreitert. Aber bereits im Jahre 1688 wurde die ursprüngliche Brücke aus Holz gebaut, die die Alster in die Binnen- und die Außenalster teilte. Benannt wurde die Brücke nach einem Pfandhaus (nach dem italienischen „Lombard"), das am rechten Alsterufer stand. Neben der Lombardsbrücke wurde 1953 die Neue Lombardsbrücke gebaut, die 1963 nach dem Attentat auf John F. Kennedy in Kennedybrücke umbenannt wurde.

Lombardsbridge / View to the Inner Alster

Today`s Lombardsbridge was built from 1865 to 1868 and broadened around the turn of the century. But already in 1688 there was the original wooden bridge, that seperated the Inner from the Outer Alster. The bridge was named after a pawnshop (after the italian "Lombard"), which was standing at the right Alster shore. In 1953 a new Lombardsbridge was built parallel to the old one, which was named Kennedybridge in 1963 after the assassination of John F. Kennedy.

»Green parks and lots of water in the centre of the city - the combination of the beautiful nature and the pulsing large city is unique to Hamburg.«

Prof. Dr. Matthias Prinz, Lawyer

»Grüne Parks und viel Wasser mitten in der Stadt - die schöne Natur und die pulsierende Grossstadt gibt es in dieser Kombination nur in Hamburg.«

Prof. Dr. Matthias Prinz, Rechtsanwalt

Rathaus (Öl auf Holz)

Das Rathaus, Sitz von Bürgerschaft (Parlament) und Senat (Landesregierung), gehört sicherlich zu den prunkvollsten Bauten Hamburgs überhaupt. Verantwortlich für den Bau war eine Architektengemeinschaft unter der Führung von Martin Haller. Da der sumpfige Untergrund allein das Rathaus nicht tragen würde, musste es auf 4000 Pfählen gebaut werden. 1897 nach elfjähriger Bauzeit fertig gestellt, zieht es heute mehr als 100.000 Besucher jährlich in seinen Bann. Das Rathaus ist täglich außer sonntags und bei Veranstaltungen geöffnet.

City Hall (oilpainting on wood)

The City Hall, legal seat of City Parliament and Senate (Government), belongs to the most splendid buildings of Hamburg at all. Responsible for the construction was a community of architects led by Martin Haller. The City Hall had to be built on 4000 stakes because the swampy ground would not be able to carry it alone. Finished in 1897 after eleven years of construction, today it spellbounds more than 100.000 visitors per year. The City Hall is daily opened execept on sundays and during special events.

»Hamburg is not only a city in itself. It is harbour, forest, conglomerate of different architecture, a city with two giant lakes, a melting pot of nationalities, a cultur city. Despite of the destructions in Word War II Hamburg has bewared its identity. Hamburg – mon amour!«

Jo Brauner, Chief Anchorman of Tagesschau until 2004 and broadcaster.

»Hamburg ist nicht nur eine Stadt per se. Es ist Hafen, Wald, ein Konglomerat unterschiedlicher Architektur, eine Stadt mit zwei riesigen Binnenseen, ein Schmelztiegel an Nationalitäten, eine Kulturcity. Hamburg hat trotz der Zerstörungen im Krieg seine Identität gewahrt. Hamburg – mon amour!«

Jo Brauner, bis 2004 Tagesschau-Chefsprecher und Rundfunksprecher

»The citizens are tolerant, reliable people, there are wonderful summers with high skys and an architectural style, that represents the elegance and the cosmopolite openmindedness of Hamburg so wonderfully.«

Prof. Dr. Heiner Greten, Internal MD

Rathausmarkt

Der Rathausmarkt befindet sich direkt vor dem Rathaus im Herzen der Stadt. Hier finden häufig Veranstaltungen und Feste statt, wie z.B. der Weihnachtsmarkt, Open Air Kino oder das beliebte Stuttgarter Weinfest. Und wenn der HSV einen bedeutenden Fußballtitel gewinnt, grüßen die Kicker vom Balkon. Das war allerdings zuletzt 1983 der Fall...

City Hall Market Place

The City Hall Market Place is directly in front of the City Hall in the heart of the city. A lot of arrangements and public events take place there, for example the christmasmarket, open air cinema or the popular Stuttgart Winefest. And when the HSV wins a significant soccer championship, the players are waving from the balkony. For the last time indeed this was the case in 1983…

»In Hamburg leben tolerante, zuverlässige Menschen, es gibt wunderbare Sommer mit hohem Himmel und ein architektonisches Stadtbild, das die Eleganz und die Weltoffenheit Hamburgs so wunderbar repräsentiert.«

Prof. Dr. Heiner Greten, Internist

Colonnaden

Die Colonnaden bilden die Verbindung zwischen Dammtor und Jungfernstieg. Im Jahr 1876/77 wurden sie mit ihren Neo-Renaissancebauten und dem wunderschönen Arkadengang gebaut. Heute ist die altehrwürdige und unter Denkmalschutz stehende Straße eine reine Fußgängerzone, die mit edlen Geschäften und Straßenlokalen zum Shoppen, Flanieren und Verweilen einlädt.

Colonnades

The Colonnades are connecting Dammtor and Jungfernstieg. They were built in 1876/77 with its neo-renaissance-buildings and the beautiful arkades. Today the venerable street is a pedestrian precinct under a preservation order. With its noble stores, restaurants and streetcafés it invites you to go shopping, strolling and lingering.

»The citizens are – contrary to the common opinion – open to acquaintances and become reliable friends. Furthermore Hamburg indeed seems to develop to a sportscity.«

Dr. Karl Ness, Lawyer, President Der Club an der Alster

»Die Hamburger sind – entgegen der allgemeinen Meinung – offen für Bekanntschaften und werden zu zuverlässigen Freunden. Im übrigen scheint Hamburg sich tatsächlich zu einer Sportstadt zu entwickeln.«

Dr. Karl Ness, Rechtsanwalt, Präsident Der Club an der Alster

OLONADEN
CHRISTIAN MEIER 2004

»HAMBURG JUST OFFERS EVERYTHING. A BEAUTIFUL CITY CENTRE, LOTS OF WATER, BEACH, HARBOUR, SHOPS, BRIDGES, OBLIGING PEOPLE, MEDITERRANEAN FLAIR. AND DESPITE OF ALL THIS ONE NEVER FEELS TO BE IN A LARGE CITY.«

Sandra Völker, Swimming World Champion, Founder of Sandra Völker Foundation for asthmatic and allergic children

Binnenalster

Die 1688 gebaute hölzerne Alsterbrücke (siehe auch Lombardsbrücke, S. 12/13), trennte die Alster in Binnen- und Außenalster. 1792 entstand hier Deutschlands erste Badeanstalt, die später in die Außenalster verlegt wurde, heute jedoch nicht mehr existiert. Das jeden Sommer rund um die Binnenalster stattfindende „Alstervergnügen“ mit vielen Buden, Musik, Schaustellern und einem großen Feuerwerk zieht jährlich über 2 Millionen Besucher an und ist Hamburgs größtes Straßenfest. Seit 1987 sprudelt im Sommer in der Mitte des Wassers die beliebte Alsterfontäne.

Inner Alster

The wooden Alsterbridge, built in 1688, (ref. Lombardsbridge, p. 12/13), separated the Inner from the Outer Alster. It was here where the Germans built their first public bath in 1792. Later it was moved to the Outer Alster but today does not exist anymore. Around the Inner Alster every summer there is the “Alstervergnügen”, the biggest public street party of the city, with many booths, music, showmen and big fireworks, which attracts more than two million visitors every year. Since 1987 in the summertime the popular alsterfountain is sputtering in the middle of the water.

»Hamburg hat einfach alles zu bieten. Eine schöne Innenstadt, viel Wasser, Strand, Hafen, Schiffe, Brücken, zuvorkommende Menschen, mediterranes Flair. Und trotz des grossen Angebots hat man nie das Gefühl, in einer Grossstadt zu sein.«

Sandra Völker, Schwimmweltmeisterin, Gründerin Sandra Völker Stiftung für asthma- und allergiekranke Kinder

Raffles Hotel Vier Jahreszeiten
CHRISTIAN MEIER 2004

Raffles Hotel Vier Jahreszeiten

Direkt an der Binnenalster liegt das zu den besten Hotels der Welt gehörende Haus. Friedrich Haerlin gründete vor mehr als hundert Jahren diese Luxusherberge. 1945 wurde das Hotel Hauptquartier der britischen Besatzungstruppen. 1952 bekam Haerlins Sohn Fritz sein Haus zurück. 1989 verkauften die Haerlin Erben das Hotel an die japanische Aoki Corporation. Seit 1997 gehört das Vier Jahreszeiten zu Raffles International Limited mit Sitz in Singapur. Seither strahlt das Hotel wieder im alten Glanz - unter General Manager Ingo C. Peters, der dort als Page angefangen hat.

Raffles Hotel Vier Jahreszeiten (Four Seasons)

This Hotel is one of the best Hotels of the world and is located directly in front of the Inner Alster. Friedrich Haerlin founded this luxury hotel more than 100 years ago. In 1945 the hotel became headquarters of the British troops, in 1952 Haerlin`s son Fritz got his hotel back. In the year 1989 the heirs of Haerlin sold the Hotel to the Japanese Aoki Corporation. Since 1997 the Hotel Vier Jahreszeiten belongs to Raffles International Limited with seat in Singapore. Under the direction of General Manager Ingo C. Peters, who has started his career at the Hotel Vier Jahreszeiten as a bellboy.

»For me Hamburg faszinates me through the Inner Alster – a treasure in the middle of the city. In the summertime with the fountain or during Christmas season with a refulgent Christmas tree, I enjoy the view of this beautiful piece of earth again and again.«

Ingo C. Peters, General Manager Raffles Hotel Vier Jahreszeiten

»Für mich besticht Hamburg durch die Binnenalster – ein Kleinod mitten in der Stadt. Ob im Sommer mit der Alsterfontäne oder zur Weihnachtszeit mit einem strahlenden Tannenbaum, immer wieder erfreut mich der Anblick dieses schönen Fleckchens Erde.«

Ingo C. Peters, General Manager Raffles Hotel Vier Jahreszeiten

Außenalster

Ist die Binnenalster hauptsächlich von großen Gebäuden mit Geschäften und Unternehmenssitzen umgeben, erlebt man an der über 160 Hektar großen Außenalster Freizeitvergnügen pur. Frühjährliches Highlight ist das japanische Kirschblütenfest mit seinem Blütenmeer der vielen japanischen Kirschbäume, das mit einem großen Feuerwerk über dem Wasser gefeiert wird. Wenn in besonders kalten Wintern die Wasseroberfläche zu einer dicken Eisdecke gefroren ist, feiern Hunderttausende mitten auf dem Eis das „Winteralstervergnügen“ mit Glühweinbuden, Würstchen und Musik.

Outer Alster

While the Inner Alster is mainly surrounded by big buildings with shops and companies, at the Outer Alster one can experience recreational fun at its best. One yearly highlight in the springtime is the japanese cherry blossom festival with its many flourishing japanese cherrytrees, celebrated with a big firework which is reflected by the Alster. When the water freezes during extremely cold winters to a thick ice cover, hundreds of thousands are celebrating the “Winteralstervergnügen” with mulled wine booths, hot sausages and music on the ice in the middle of the Alster.

»Hamburg is my favourite city because the Alster can be a nice substitute for the Mediterranean Sea. Especially, if one owns a canoe, like I do.«

Uwe Bahn, presenter and author

CHRISTIAN MEIER 1999/4

»Hamburg ist meine Lieblingsstadt, weil die Alster ein schöner Ersatz für das Mittelmeer sein kann. Vor allem, wenn man ein eigenes Kanu hat, so wie ich.«

Uwe Bahn, Moderator und Autor

»My favorite place in Hamburg is the Café Bobby Reich. From here one has a view to the silhouette of the city – when I´m sitting here, my heart beats faster.«

Gunnar Uldall, Senator for Economic Affairs and Employment

Gästehaus des Senats

Die 1868 vom Architekten Martin Haller fertiggestellte Prachtvilla am Feenteich wird seit 1965 als Gästehaus des Senats genutzt. Nicht nur gekrönte Häupter wie z.B. Queen Elisabeth II waren hier zu Gast sondern auch Staatspräsidenten wie Charles de Gaulle und Schauspieler wie Gérard Depardieu.

Guesthouse of the Senate

In 1868 architect Martin Haller finished the building of this splendid villa at the Feenteich. Since 1965 it is used as the guesthouse of the senate. Not only royal highnesses were staying here during their visit, but also heads of state like Charles de Gaulle and actors like Gérard Depardieu.

»Für mich ist der schönste Platz in Hamburg das Café von Bobby Reich. Von hier hat man einen Blick auf die Silhouette der Stadt – wenn ich hier sitze, schlägt mein Herz höher.«

Gunnar Uldall, Senator für Wirtschaft und Arbeit

An der Alster / An der Schönen Aussicht (Öl auf Holz)

Hier ist einer der vielen Wanderwege rund um die Außenalster mit vielen Bäumen, Parkbänken und typischen Grünanlagen, wo Spaziergänger, Jogger, Walker, Eisverkäufer, Hunde, Radfahrer, Fußballspieler und Picknickliebhaber eine bunte Gemeinschaft bilden. Und auf dem Wasser kann man den Seglern und Ruderern zuschauen.

At the Alster / At the Schöne Aussicht (oilpainting on wood)

This is one of the many walkways around the Outer Alster which is alined by trees, park benches and typical green areas where Strollers, joggers, walkers, icecream dealers, dogs, bikeriders, soccer players and picnic lovers sum up to a multifaceted community. And on the water one can watch the sailing and rowing boats.

»In the springtime I love it when the Swans are released on the Alster! And when Hamburg becomes a blooming green city.«

Paolino, Gastronomer

»Ich liebe es, wenn im Frühjahr die Schwäne auf der Alster freigelassen werden! Und Hamburg zur blühend grünen Stadt wird.«

Paolino, Gastronom

ATLANT
CHRISTIAN MEIER
8 — 2004

Kempinski Hotel Atlantic

Das Atlantic Hotel gehört zu den besten Hotels der Welt und wird von den Hamburgern liebevoll als »Weißes Schloss an der Alster« bezeichnet. 1909 nach zweijähriger Bauzeit als Grandhotel eröffnet, verbindet es auf einmalige Art die Tradition europäischer Gastfreundschaft, erstklassigen Service und ein Ambiente, in dem Gäste aus aller Welt ein Zuhause auf Zeit finden, mit den modernsten technischen Ausstattungen für den anspruchsvollen Geschäftsreisenden. Eines der neuesten Angebote ist das "PrivateMax", das erste Privatkino in einem deutschen Hotel.

Kempinski Hotel Atlantic

The Atlantic Hotel is one of the best hotels of the world and is known locally as "The White Castle at the Alster". After two years of construction it was first opened in 1909 as a grandhotel. It uniquely combines the tradition of European hospitality, first-class service and an atmosphere in which guests from all over the world can find a home-away-from-home with the most modern technical facilities for the preteintious business traveller. Latest news: The Atlantic unveiled its "PrivateMax" and now features the first private cinema in a German hotel.

»Hamburg is an uncomparable mixture of tradition, innovation, elegance , appealing breaches, pleasure of relish and hanseatic understatement. The beauty of appearance and the openmindedness of the people, which does not comply at all with their image, fascinate me over again. And Hamburg's restaurant-scene is unique in Germany.«

Sebastian Heinemann, Managing Director Hotel Atlantic

»Hamburg ist eine unvergleichliche Mischung aus Tradition, Innovation, Eleganz, reizvollen Brüchen, Freude am Genuss und hanseatischem Understatement. Mich fasziniert die Schönheit des Stadtbildes und die Offenheit der Menschen, die gar nicht ihrem Image entspricht. Und Hamburgs Restaurant-Szene ist in Deutschland einzigartig.«

Sebastian Heinemann, Geschäftsf. Direktor Hotel Atlantic

»The beauty of the city is very special – the harbour, that gives Hamburg its cosmopolitan look and the mentality of its citizens. Restrained, unaggressive, a little reserved.«

Sky du Mont, Actor

Deutsches Schauspielhaus

Von den Wiener Architekten Hermann Helmer und Ferdinand Fellner gebaut, wurde das Deutsche Schauspielhaus im Jahr 1900 eröffnet. Der prächtige Rokoko-Zuschauerraum fasst über 1800 Zuschauer und ist damit Deutschlands größtes Theater. 1957 spielte hier der legendäre Gustav Gründgens, gleichzeitig Intendant, an der Seite von Will Quadflieg den Mephisto in seiner eigenen Inszenierung von Johann Wolfgang von Goethes „Faust".

German Schauspielhaus

The Schauspielhaus was constructed by the two architects from vienna Hermann Helmer and Ferdinand Fellner and had its opening in 1900. The splendid rokoko-style auditorium has more than 1800 seats and is Germany`s biggest theatre. In 1957 the legendary Gustav Gründgens, intendant at the same time, acted next to Will Quadflieg as the Mephisto in his own production of Johann Wolfgang von Goethe`s "Faust".

»Einzigartig ist die Schönheit der Stadt – der Hafen, der Hamburg sein cosmopolitisches Gesicht gibt und die Mentalität seiner Einwohner. Zurückhaltend, unaggressiv, ein wenig reserviert.«

Sky du Mont, Schauspieler

Laeiszhalle

Seit Anfang 2005 trägt die ehemalige Musikhalle wieder ihren ursprünglichen Namen, benannt nach ihren Stiftern, dem Hamburger Reeder Carl Heinrich Laeisz und seiner Frau Sophie Christine. Während des Nationalsozialismus hatte man die Laeiszhalle in Musikhalle umbenannt. Die Architekten Martin Haller und Emil Meerwein stellten dieses Bauwerk im Jahre 1908 fertig. Rund 400.000 Besucher jährlich lauschen den Konzerten in der Laeiszhalle am heutigen Johannes-Brahms-Platz.

Laeiszhall

Since 2005 the former Musichall has gotten its original name back, named after its donors, the shipping line owner Carl Heinrich Laeisz and his wife Sophie Christine. During national socialism the Laeizhall was renamed Musichall. The architects Martin Haller and Emil Meerwein finished this building in the year 1908. About 400.000 visitors are listening to the concerts in the Laeiszhall at today`s Johannes-Brahms-Place per year.

»HAMBURG OFFERS IN A UNIQUE LANDSCAPE WITH LOTS OF WATER AND TREES BUSINESS, CULTURE AND ATHLETIC POSSIBILITIES FOR ALL DEMAND.«

Nikolaus W. Schües, BUSINESSMAN

»HAMBURG BIETET IN EINER EINMALIGEN LANDSCHAFT MIT VIEL WASSER UND BÄUMEN GESCHÄFTLICHE, KULTURELLE UND SPORTLICHE MÖGLICHKEITEN FÜR JEDEN ANSPRUCH.«

Nikolaus W. Schües, Kaufmann

Planten un Blomen

Planten un Blomen, plattdeutsch für Pflanzen und Blumen, ist ein weiterer Park im Herzen der Stadt, der besonders Familien zu einem Besuch einlädt. Auf dem 47 Hektar großen Gelände befindet sich ein riesiger Spielplatz, ein botanischer Garten und der größte Japanische Garten Europas. Im Sommer können die Kleinen Ponyreiten. Außerdem gibt es eine Rollschuhbahn, die im Winter als Kunsteislaufbahn genutzt wird. Besonders romantisch sind die bunten Wasserlichtkonzerte am Parksee in der sommerlichen Dämmerung.

Planten un Blomen

Planten un Blomen, low German for plants and flowers, is another park in the heart of the city, that is very attractive for families. In this 47 hektar area there is a giant playground, a botanical garden and the biggest japanese garden in Europe. In the summer there is pony riding für the kids as well as a roller skating rink, which is converted to an icerink in the winter. Very romantic are the colourful waterlightconcerts at the parklake in the summerly dawn.

»In Hamburg the Hamburg Ballet is very special to me!«

John Neumeier, Intendant Hamburg Ballet

»Das Besondere an Hamburg ist das Hamburg Ballett!»

John Neumeier, Ballettintendant Hamburg Ballett

CHRISTIAN MEIER 2004

Bäckergang mit dem Turm der Hauptkirche St. Michaelis

Nach einem Aquarell von F. Skarbina (1891). Den Bäckergang gibt es nicht mehr, wohl aber die Hauptkirche St. Michaelis. Der Michel ist das Wahrzeichen von Hamburg, denn seine 130 Meter hohe Spitze ist für die Seeleute der einlaufenden Schiffe schon aus der Ferne zu erkennen. Hamburgs größte Kirche, 1649-61 erbaut, hat 2500 Sitzplätze. Von der 82 Meter hohen Plattform des Turmes, die mit dem Fahrstuhl und über eine Treppe zu erreichen ist, hat man einen traumhaften Blick über die ganze Stadt und den Hafen. Ca. eine Million Touristen und Hamburger besuchen jährlich diese Hauptattraktion der Stadt.

»Bakerwalkway« with the Tower of St. Michaels Church

After a watercolour painting from Franz Skarbina (1891) The Bäckergang does not exist anymore, but surely the Church St. Michaels, called Michel. The Michel is the landmark of Hamburg, because its 130 meter high tower is the first thing, the seamen can see, when their ship arrives in Hamburgs harbour. Hamburg`s biggest church, built 1649-61, has 2500 seats. From the 82 Meters high observation platform, which can be reached by elevator or by stairs, one has a breathtaking view over the entire city and the harbour. Every year there are more than one million visitors for this main attraction of the city.

»Hamburg stands for candidness, wide mental freedom – and the Michel.«

Helge Adolphsen, Main-Pastor at St. Michaels Church

»Hamburg. Das ist Offenheit, weite, geistige Freiheit – und der Michel.«

Helge Adolphsen, Hauptpastor an St. Michaelis

BLICK VON DER NIKOLAIKIRCHE
AUF ST. KATHARINEN
CHRISTIAN MEIER
10/2004

Blick aus den Ruinen von St. Nikolai auf St. Katharinen

Die ursprüngliche Hauptkirche St. Nikolai wurde im zweiten Weltkrieg fast vollständig zerstört und bewusst nicht wieder aufgebaut, denn die Ruine soll als Mahnmal für den Frieden dienen. Stattdessen wurde eine neue Kirche in Harvestehude gebaut, die den Namen Hauptkirche St. Nikolai trägt. Die Grundmauern der Hauptkirche St. Katharinen wurden bereits im 13. Jahrhundert errichtet. Damit ist sie eine der ältesten Kirchen Hamburgs. Im Laufe der Jahrhunderte wurde sie mehrmals aus- und umgebaut. Nach ihrer völligen Zerstörung 1943 wurde sie bis zum Jahr 1958 wieder neu aufgebaut.

View from the ruins of St. Nikolai to St. Katharinen

The original St. Nikolai church, almost completely destroyed in World War II, was deliberately not rebuilt to create a memorial for peace. A new St. Nikolai church was built in Harvestehude. The foundation walls of St. Katharinen were built in the 13th century. It is one of the oldest churches of Hamburg. Along the centuries it has been reconstructed several times. After it was completely destroyed in 1943 it was rebuilt and finished in the year 1958.

»HAMBURG HAS THE HONESTY OF A BUSINESSCITY, THAT CAN GIVE AN ARTIST THE POSSIBILITY TO DEVELOP WITHOUT MENTAL DEFLECTIONS.«

Prof. Gottfried Böttger, Pianist, Prof. Media Inform. Science

»IN HAMBURG WIRD DIE EHRLICHKEIT EINER KAUFMANNSSTADT GELEBT, DIE EINEM KÜNSTLER DIE MÖGLICHKEIT GEBEN KANN, SICH OHNE GEISTIGE VERBIEGUNGEN ZU ENTFALTEN.«

Prof. Gottfried Böttger, Pianist, Prof. f. Medieninformatik

Deichstraße

Die Deichstraße wird gesäumt von einer Reihe althamburgischer Bürgerhäuser. Diese liegen mit der Rückseite direkt am Wasser und wurden deshalb von Hamburger Kaufleuten als Speicher für die Waren und als Wohnung gleichzeitig genutzt. 1842 brach im Hinterhaus der Nummer 42 der große Brand aus, der ein Drittel der gesamten Stadt vernichtete. Heute befinden sich in den Häusern viele typische Hamburger Restaurants.

Deichstraße

The street is lined by a series of traditional houses. Their rearsides are directly at the water and were therefore used by businessmen as storage for the wares as well as residences at the same time. In 1842 the big fire erupted in the rear of house number 42, which destroyed one third of the entire city. Today there are many typical traditional Hamburg restaurants.

»There are many people who understand the "hanseatic handshake" and still practice it.«

Albert Darboven, Owner J.J. Darboven Ltd.

»Es gibt viele Menschen, die den hanseatischen Handschlag verstehen und ihn auch praktizieren.«

Albert Darboven, Inhaber J.J. Darboven GmbH

ALMA
DEICHSTRASSE
CHRISTIAN MEIER 2004

»The fragrances of the „storage city“ are uncomparable: nutmeg, cardamom, cinnamon, coffee. Memories of childhood and journeys in far countries.«

Ulrich Pleitgen, Actor

Freihafen

Am 15.10.1888 schloss sich Hamburg mit Ausnahme des Freihafens dem Reichszollgebiet an. Deshalb gilt dieser Tag als Geburtstag des Freihafens. Mit einer Größe von heute 14.600.000 Quadratmetern nimmt er rund ein Fünftel des gesamten Hafengebietes ein. 550 Unternehmen sind hier angesiedelt. Die traditionsreiche Speicherstadt im Freihafen soll bis zum Jahr 2030 zu einem völlig neuen Stadtviertel mit mehreren tausend Wohnungen, Geschäften und Büros umgebaut werden.

Freeport

On October 15th 1888 Hamburg became part of the German customs district, except the freeport. Therefore this day is deemed to be the birthday of the freeport. Today it spreads over 14.600.000 squaremeters and about one fifth of the entire harbour area. 550 companies are settled here. Until the year 2030 it is planned to reconstruct the traditional "storage city"in the freeport to a completely new quarter with several thousand appartments, businesses and offices.

»Die Düfte der Speicherstadt sind unvergleichlich: Muskat, Kardamom, Zimt, Kaffee. Erinnerung an Kindheit und Reisen in ferne Länder.«

Ulrich Pleitgen, Schauspieler

Feuerschiff

Das Feuerschiff, das eigentlich LV 13 heißt, wurde 1952 in England gebaut und wurde bis 1989 als Seezeichen für die Schiffahrt vor der Englischen Küste genutzt. Nachdem es 1993 umgebaut wurde, liegt es heute im City Sporthafen und dient als Restaurant, Musikbühne und Veranstaltungraum. Wer möchte, kann in einer der original belassenen Kabinen übernachten.

„Fireship“

The „Fireship“, which is actually called LV 13, was built in 1952 in England and served until 1989 as a lightvessel at the British coast. After it was rebuilt in 1993 it is now located in the City Sporthafen and serves as a restaurant, stage for concerts and events. It is also possible to spend the night in one of the original cabins on the ship.

»Hamburg is a beautiful city with a variaty of sport activities. Germany`s stronghold for riding and polo with the oldest and most traditional polo club of continental europe, the Hamburg Polo Club e.V.«

Thomas Winter, Op. Manager, professional poloplayer

»Hamburg ist eine wunderschöne Stadt mit einem grossen Angebot an vielen verschiedenen Sportarten. Reiter- und Polohochburg Deutschlands mit dem ältesten und traditionellsten Polo Club Kontinentaleuropas, dem Hamburger Polo Club e.V.«

Thomas Winter, Betriebsleiter, Poloprofi

HIGHSPEED
LUISE II
CHRISTIAN MEYER 2003

St. Pauli Landungsbrücken

Diese fast 700 Meter lange Gruppe schwimmender Pontons, zu der mehrere Brücken führen, wird als „Schiffsbahnhof“ genutzt. Hier starten und enden nicht nur die Hafenrundfahrten, auch der Linienverkehr nach Finkenwerder, Övelgönne und Blankenese nutzt die Landungsbrücken als Haltestelle. Außerdem startet hier der Elbe-City-Jet, zwei Katamaran-Passagierfähren, die von März bis Oktober viermal täglich Hamburg und Stade in einer Fahrtzeit von 65 Minuten verbinden.

St. Pauli Landing Stages

This group of swimming pontons is almost 700 meters long and is used as a “shipstation”. Several bridges connect the pontons with the shore. Not only the sightseeing roundtrips through the harbour are starting here but also the shiplines to Finkenwerder, Övelgönne and Blankenese. The Elbe-City-Jet, two highspeed catamaran-passengerferrys, are connecting Hamburg and the city of Stade from March until October within a 65-minute-ride.

»Hamburg is the most vivid and greenest city of Germany and has a nightlife, that really deserves its name. Where else one can feel as good as here?«

Corny Littmann, President of FC St. Pauli and impresario of Schmidt Theater and Schmidts TIVOLI

»Hamburg ist die lebendigste und grünste Stadt Deutschlands und hat ein Nachtleben, das sich zu Recht auch so nennen kann. Wo sonst kann man sich so wohlfühlen wie hier?«

Corny Littmann, Präsident FC St. Pauli, Impressario der Kiez-Bühnen Schmidt Theater u. Schmidts Tivoli

»Hamburg with its harbour and its people is a liberal - minded city.«

Marlies Möller, Hair-Stylist

Queen Elisabeth 2

Dieser Luxusliner wurde am 20. September 1967 von Queen Elisabeth II auf den Namen Queen Elisabeth 2 getauft. 1982 wurde das 294 Meter lange und 32 Meter breite Schiff als Truppentransportschiff für den Falklandkrieg umgebaut. Nur wenige Monate später kehrte die Queen Elisabeth 2 nach England zurück und wurde wieder zum Passagierschiff umgebaut.

Queen Elisabeth 2

This luxory cruiser was dubbed by Queen Elisabeth II on the name Queen Elisabeth 2. In 1982 the ship, which is 294 meters long and 32 Meters wide, was reconstructed to serve as a troop carrier for the Falklands War. Only a few months later the Queen Elisabeth 2 returned to England and was converted back to a passenger cruiser.

»Hamburg ist mit seinem Hafen und seinen Menschen eine weltoffene Stadt.«

Marlies Möller, Hair-Stylistin

»Our Hometown shows beauty and cosmopolite openmindedness.«

Dieter Bruhn ("Aale Dieter"), Salesman

Fischmarkt

Für jeden Hamburger gilt: man muss mindestens einmal im Leben auf dem Fischmarkt, eine Institution seit 1703, gewesen sein. Jeden Sonntag von 5.00 bis 10.00 Uhr (im Winter ab 7.00 Uhr) werden hier nicht nur Fische sondern Marktwaren aller Art verkauft. Durch den frühen Start trifft man auf eine lustige Mischung übernächtigter Pistengänger und kerniger Frühaufsteher.

Fishmarket

Everybody who lives in Hamburg must have been on the fishmarket, an institution since 1703, at least once in a lifetime. Every Sunday from 5 a.m. until 10 a.m. in the morning (in wintertime from 7 a.m.) not only fish is being sold but all kinds of articles. Because of the early beginning one can find a funny mixture of tired out revellers and pithy early birds.

»Unsere Heimatstadt zeigt Schönheit und Weltoffenheit.«

Dieter Bruhn ("Aale Dieter"), Verkäufer

Neue Kehrwiederspitze

Die Kehrwiederspitze wurde komplett neu bebaut und besteht heute aus imposanten Bürogebäuden, allen voran das Hanseatic Trade Center, von denen aus man einen fantastischen Blick über die Elbe und den Hafen hat. Hamburgs größtes Bauvorhaben, die neue Hafen City, erstreckt sich von der Kehrwiederspitze bis zu den Elbbrücken.

New Kehrwiederspitze

The Kehrwiederspitze was completely rebuilt and today is composed of impressing office buildings, lead by the Hanseatic Trade Center, from which one has a fantastic view over the Elbe river and the harbour. Hamburg`s biggest building project, the new Harbour City, reaches from the Kehrwiederspitze to the Elbbridges.

»The urban generosity by Elbe river and Alster is uncomparable.«

Prof. Meinhard von Gerkan, University Professor, Architect, Owner GMP

»Die städtebauliche Grosszügigkeit durch Elbe und Alster ist ohnegleichen.«

Prof. Meinhard von Gerkan, Universitätsprofessor, Architekt, Inhaber GMP

Cap San Diego

Das größte seetüchtige Museumsschiff der Welt wurde 1961 gebaut. Zunächst wurde es als Stückgutfrachter genutzt, bevor es 1980 den größeren Containerschiffen weichen musste. Seit 1986 liegt es an der Überseebrücke. An Bord finden verschiedene Veranstaltungen und Ausstellungen statt. Die Dauerausstellung „Ein Koffer voll Hoffnung" handelt von den über fünf Millionen Menschen, die zwischen 1834 und 1924 über Hamburg nach Amerika ausgewandert sind. Auch Übernachtungen an Bord sind möglich. Im Frühjahr jeden Jahres startet die Cap San Diego zu einer Gästefahrt nach Cuxhaven und zurück.

Cap San Diego

This world`s biggest seaworthy museum was built in 1961. Originally used as a freighter it gave way to the bigger container ships in 1980. It has been tied to the Überseebrücke ("Overseas-Bridge") since 1986. On board there are different events and exhibitions. The permanent exhibition "A suitcase full of hope" deals with the more than five million people, who emigrated between 1834 and 1924 via Hamburg to the United States of America. Overnight stays on board are also possible. Each year in the springtime the Cap San Diego starts to a cruise with passengers to Cuxhaven and back.

»HAMBURG DISTINGUISHES ITSELF BY THE CITIZENS, WHO ARE ACTING COSMOPOLITAN AND HUMANLY FOR HAMBURG AND WHO FELL IN LOVE WITH THE MICHEL AS HAMBURG`S LANDMARK.«

Dr. Karl-Joachim Dreyer, Director of the Board Hamburger Sparkasse

»HAMBURG ZEICHNET SICH AUS DURCH DIE BÜRGER DIESER STADT, DIE WELTOFFEN UND MENSCHLICH FÜR HAMBURG WIRKEN UND DEN MICHEL ALS HAMBURGER WAHRZEICHEN IN IHR HERZ GESCHLOSSEN HABEN.«

Dr. Karl-Joachim Dreyer, Vorstandssprecher der Hamburger Sparkasse

CHRISTIAN MEIER
2-2004

»The unique about Hamburg is the internationality, the harbour and the herewith related generosity of thinking.«

Bertram R.C. Rickmers, Chairman Rickmers Holding

Rickmer Rickmers

Direkt neben der Cap San Diego liegt seit 1987 das nächste Museumsschiff, die SS Rickmer Rickmers. Der geschichtsträchtige Windjammer wurde 1896 gebaut, ist 97 Meter lang und 12 Meter breit. Außer der ständigen Ausstellung über die eigene Geschichte gibt es weitere wechselnde Ausstellungen sowie ein Bordrestaurant. Das Museum ist täglich von 10.00 bis 18.00 Uhr geöffnet.

Rickmer Rickmers

Right next to the Cap San Diego there is another maritime Museum, the SS Rickmer Rickmers. The historical windjammer was built in 1896, is 97 meters long and 12 meters wide. Addtionally to the permanent exhibition about its own history there are variable exhibitions as well as a restaurant on board. The Museum is opended daily from 10 a.m. until 6 p.m.

»Das Einzigartige an Hamburg ist die Internationalität, der Hafen und die damit verbundene Grosszügigkeit des Denkens.«

Bertram R.C. Rickmers, Chairman Rickmers Holding

»Calm waters are deep. The stiller the water from the harbour seems, the wilder the wind blows through the city. But despite of the many influences of East and West, no one goes down on this fest.«

Cosma Shiva Hagen, Actress

HADAG-Fähre (Öl auf Holz)

Die HADAG ist eine 100 % Tochter der Hamburger Hochbahn AG und bedient seit über 115 Jahren den gesamten Fähr- und Linienverkehr im Hamburger Hafen. Die verschiedenen Fähren der HADAG, von denen eine rot angemalt ist, fahren z.B. nach Finkenwerder, ins Alte Land, und bedienen auch den Shuttle zum Musical „König der Löwen". Außerdem bietet die HADAG regelmäßig große Hafenrundfahrten und Touren über die Niederelbe an. Wer möchte, kann eine Fähre chartern und z.B. einen Geburtstag oder eine Hochzeit auf der Elbe feiern.

HADAG-Ferry (oilpainting on wood)

The HADAG is a 100 % subsidiary of the Hamburger Hochbahn AG and carries out the entire ferry- and regular traffic of the Hamburg harbour for more than 115 years. The different ferrys of the HADAG, one of them is painted in full red colour, are cruising to Finkenwerder, to the "Alte Land", and serve as a shuttle to the musical "The Lion King". The HADAG offers also round trips through the harbour and trips over the lower Elbe. It is also possible to charter one of the ferrys for birthdayparties or wedding-celebrations.

»Stille Wasser sind tief. Je stiller das Wasser vom Hamburger Hafen scheint, desto wilder weht der Wind durch die Stadt. Doch trotz der vielen Einflüsse von Ost und West geht keiner unter auf diesem Fest.«

Cosma Shiva Hagen, Schauspielerin

Schiff im Dock (Öl auf Holz)

Wenn ein Schiff von außen repariert oder bearbeitet werden muss, wird es von einem oder mehreren Schleppern in ein Dock gezogen. Es gibt Trockendocks und Schwimmdocks. Trockendocks sind Landbauwerke mit einem Docktor, während Schwimmdocks im Hafenbecken schwimmen. Beide Vorrichtungen können geflutet und trockengelegt werden, der Name hat also nichts damit zu tun, ob das Schiff während der Wartungsarbeiten schwimmt oder trocken liegt.

Ship in dock (oilpainting on wood)

When the outer part of a ship has to be worked on, it is towed by one or more tugboats into a dock. There are dry docks and floating docks. The name has nothing to do whether the ship inside is floating or dry, but is related to the dock itself. Dry docks are fixed on land, floating docks are floating. Both kann be drained and flooded.

»The paintings show clearly the international meaning of Hamburg and its Harbour.«

Prof. Gyula Trebitsch, Filmproducer

»Die Bilder zeigen deutlich die internationale Bedeutung Hamburgs und seines Hafens.«

Prof. Gyula Trebitsch, Filmproduzent

CHRISTIAN MEIER
2-2004

Schlepper

Die vielen kleinen Kraftpakete sieht man ständig herumfahren. Sie holen die großen Schiffe auf der Elbe ab und schleppen sie zu ihrem Liegeplatz im Hafen oder ins Dock. Je nach Größe des ankommenden Schiffes und Wetterlage werden einer oder mehrere Schlepper verwendet. Außerdem werden sie zum Bewegen schwimmender Gegenstände genutzt, wie z.B. Pontons oder Bohrinseln. Und wenn ein Schiff auf Grund läuft, schleppen sie das Schiff wieder frei.

Tug-Boat

One of the many tug-boats, that are constantly working on the Elbe river. These little floating power houses pick up the big ships on the Elbe river and lead them to their moorings or docks. Depending on the size of the incoming ship and the wheather one or more tug-boats are being used. Tug-boats are also moving swimming objects like pontons or oil rigs. And if a ship runs aground it's the tug-boats that are helping the ship back to navigable water.

»Because of the Elbe river and the lake Alster Hamburg is so unique.«

Eugen Block, hotelier and gastronomer

»Hamburg ist durch seine Elbe und den Binnensee Alster so einzigartig.«

Eugen Block, Hotelier und Gastronom

Kamerunkai

Einer der vielen Kaianlagen und Liegeplätze im Hamburger Hafen ist der Kamerunkai mit dem Süd-West-Terminal der Firma C. Steinweg. An den Kaianlagen werden die angekommenen Seegüter umgeschlagen und zwischengelagert. Aufgrund der immer größer werdenden Schiffe müssen auch die Liegeplätze und Kaianlagen immer wieder ausgebaut und modernisiert werden.

Kamerunkai ("Cameroonwharf")

One of the many wharfs in the harbour is the Kamerunkai with the South-West-Terminal of the company C. Steinweg. At the wharfs the incoming goods are being unloaded and stored temporarily. Because the ships are becoming bigger and bigger the wharfs always have to be renewed and extended.

»With a big network of club (Der Club an der Alster), olympic base, university, enterprises and Sportassociation Hamburg offers optimum conditions to prepare for the Olympic Games, especially for field hockey.«

Sebastian Biederlack, Hockey World Champion, student

»Hamburg bietet mit einem grossen Netzwerk aus Verein (Der Club an der Alster), Olympiastützpunkt, Universität, Wirtschaft und dem Hamburger Sportbund optimale Vorbereitungsmöglichkeiten auf Olympische Spiele, vor allem im Hockeysport.«

Sebastian Biederlack, Hockeyweltmeister, Politikstudent

CHRISTIAN MEIER
2004

»I LIKE THE DRY SENSE OF HUMOR OF THE CHEERFUL PEOPLE.«

Jan Fedder, Actor and honory lock-keeper

Am Binnenhafen

Bis ca. 1650 war hier Hamburgs Haupthafen. Heute ist der Hamburger Binnenhafen der viertgrößte Deutschlands.

Die Alster entspringt ca. 25 km nördlich von Hamburg in Henstedt-Ulzburg (Schleswig-Holstein) und mündet über den Alsterfleet in den Binnenhafen.

Inland port

Until about 1650 this was the main port of Hamburg. Today the inland port is the fourth largest one in Germany.

The Alster rises about 25 km north of Hamburg in Henstedt-Ulzburg (Schleswig-Holstein) and flows through the Alsterfleet into the inland port.

»Mir gefällt der trockene Humor der feuchtfröhlichen Menschen.«

Jan Fedder, Schauspieler und Ehrenschleusenwärter

»THE LINKAGE OF METROPOLIS, INTERNATIONAL SEAPORT, LIBERAL-MINDEDNESS ALL OF ITS CITIZENS AND 1000 YEAR OLD HISTORY IS ONE OF A KIND.«

Ove Franz, President Hafen-Klub

Hafenszene

Der Hamburger Hafen ist Deutschlands größter Container-Umschlaghafen. In Europa liegt er nach Rotterdam auf Rang 2, weltweit auf Rang 8. Er bietet Liegeplätze für über 320 Seeschiffe, davon rund 40 für große Containerschiffe und Massengutfrachter, und rund 60 km Kaimauern. Bis zur Nordsee sind es 104 km. Die Speicherstadt verfügt über eine Lagerfläche von rund 300.000 Quadratmetern und ist damit der größte Speicherkomplex der Welt.

Scene in the harbour

Hamburg`s harbour is Germany`s biggest container harbour. After Rotterdam it is number two in Europe, worldwide number 8. It has more than 320 berths, about 40 of those are for big containerships, as well as wharfs of about 60 km. The North Sea is 104 km away. The Speicherstadt ("storage-city") has a capacity of about 300.000 squaremeters and is the biggest storage in the world.

»Die Verbindung von Metropole, internationalem Seehafen, Weltoffenheit aller ihrer Bürger und 1000-jähriger Geschichte ist einmalig.«

Ove Franz, Präsident Hafen-Klub

Köhlbrandbrücke

Der Architekt, der diese 50 Meter hohe und knapp 4 Kilometer lange Schrägseilbrücke baute, heißt nicht etwa Köhlbrand sondern Egon Jux. Benannt ist dieses moderne Wahrzeichen Hamburgs nach dem Köhlbrand, über den sie führt. Einem Elbarm-Kanal, der die Norder- mit der Süderelbe verbindet. Bis zu 30.000 Fahrzeuge täglich überqueren die 13,5 Meter breite Fahrbahn.

Köhlbrandbridge

The architect`s name of this 50 meters high and almost 4 kilometers long suspension bridge was not Köhlbrand but Egon Jux. This modern landmark of Hamburg is named after the "Köhlbrand", that it is traversing. An arm of the Elbe river that connects the northern with the southern Elbe. Up to 30.000 vehicles are crossing the bridge daily on its 13,5 meters wide lane.

»THE CITIZENS ARE LOYAL AND RELIABLE AND STAND BY ONE, EVEN IF ONE MAKES A MISTAKE.«

Jürgen Roland, Director

»Die Menschen der Stadt sind treu und zuverlässig und halten auch zu einem, wenn man mal Fehler macht.«

Jürgen Roland, Regisseur

»Hamburg`s citizens have independent, free and critical minds.«

Gerd Schulte-Hillen, Chairman of Gruner + Jahr 1981-2000

Altonaer Rathaus

Ursprünglich wurde der 1844 fertig gestellte Prachtbau als Bahnhofsgebäude genutzt. Als Ende des Jahrhunderts ein neuer Bahnhof Altona gebaut wurde, zog 1898 die Stadtverwaltung ein, die noch heute mit dem Bezirksamt Altona vor Ort ist. Vor dem Haus steht ein Denkmal von Kaiser Wilhelm I. Besonders beliebt ist das Altonaer Rathaus bei Paaren, die sich hier auf dem Standesamt in prächtiger Kulisse das Ja-Wort geben.

Altona`s City Hall

This mansion was built in 1844 and originally used as a railway station. At the end of the century a new station for Altona was built, so the municipality moved in and still is on-site. In front of the building there is a monument of emperor Wilhelm I. Altona`s City Hall is especially popular for young couples, who are getting married in the registry`s office within a gorgeous scenery.

»Die Bürger Hamburgs verfügen über einen unabhängigen, freien und kritischen Geist.«

Gerd Schulte-Hillen, Vorstandsvorsitzender von Gruner + Jahr von 1981-2000

Museumshafen Övelgönne

Seit 1977 existiert dieser Museumshafen, in dem heute 18 historische aber allesamt fahrbereite Schiffe ihren Liegeplatz haben. Nach einem Hafenbummel kann man sich auf einer alten Hafenfähre ausruhen, die zum Café umgebaut wurde. Einige der Schiffe sind für Firmen oder Privatpersonen für Feiern oder Events zu chartern. Auf dem Bild ist das ehemalige Feuerschiff „Elbe 3" zu sehen, welches 1888 gebaut wurde und als ältestes fahrtüchtiges Feuerschiff der Welt gilt.

Harbour of historic ships in Övelgönne

18 historic but still functioning ships have their berths in this harbour, which exists since 1977. One can take a break on an old ferry, which is reconstructed as a café. Other ships are waiting to be chartered by companies or private persons for celebrations and events. On the picture there is the former lightvessel ship "Elbe 3". It was built in 1888 and said to be the oldest functioning lightvessel ship of the world.

»HAMBURG IS A SPECIES-APPROPRIATE CITY; ESTHETIC AND BEAUTIFUL WITH LOTS OF NATURE AND WATER.«

Dr. Stephan Hering-Hagenbeck, General Manager Hagenbeck`s Tierpark (Zoo).

»HAMBURG IST EINE ARTGERECHTE STADT; ÄSTHETISCH UND SCHÖN MIT VIEL NATUR UND WASSER.«

Dr. Stephan Hering-Hagenbeck, Geschäftsführer Hagenbecks Tierpark

»Generous streets with buildings of interesting architecture, fresh sea air, the open mindedness of the people and my jogging course at the Elbe river near Övelgönne - that is what makes Hamburg so special.«

Ricki Osterthun, Former Davis-Cup player, owner evotion Ltd.

Övelgönne

Dieses ursprüngliche Fischerdorf wurde später von Lotsen und Kapitänen bewohnt. Mit den traditionellen Häusern auf der einen und dem wunderschönen Elbblick auf der anderen Seite sind diese schmalen Gassen eine besondere Attraktion für Fußgänger. Im Sommer kann man am Elbufer das Strandleben pur genießen. Ein beliebter Treffpunkt ist die „Strandperle", ein kleines Café direkt am Wasser.

Övelgönne

This former fishing village was later inhabited by pilots and captains. The traditional houses on the one hand and the gorgeous view over the Elbe river on the other hand, these narrow alleys are a special attraction for pedestrians. In the summer one can enjoy the pure beach life. A popular meeting place is the "Strandperle", a small café directly at the shore.

»Großzügige Straßenzüge mit interessanter Architektur, frische Seeluft, die Weltoffenheit der Menschen und meine Joggingstrecke an der Elbe bei Övelgönne - das macht Hamburg so besonders.«

Ricki Osterthun, ehemaliger Davis-Cup Spieler, Inhaber evotion GmbH

Jenischhaus

Das Museum im Jenischhaus befindet sich im Jenischpark. Baron Caspar Voght ließ den Park Ende des 18. Jahrunderts im englischen Stil anlegen. Senator Martin Johann Jenisch kaufte den Park und ließ um 1830 das Jenischhaus bauen. Großzügige hügelige Wiesenlandschaften, ein riesiger alter Baumbestand und ein kleiner Bach, die Flottbek, laden zum Spazierengehen, Joggen und Verweilen ein.

House of Jenisch

The museum in the house of Jenisch is located in the Jenischpark. Baron Caspar Voght had let lay out this park towards the end of the 18th century in an English style. Senator Martin Johann Jenisch bought the park and let construct the House of Jenisch around the year 1830.Generous hilly meadow landscapes, a giant amount of old trees and a little creek, the Flottbek, are inviting for walking, jogging and lingering.

»I like it that Hamburg is such a green city. What fascinates me the most is the Alster in the middle of the large city. But best of all Hamburg is my home. The most beautiful city in Germany.«

Michael Stich, Wimbledon Champion, Partner of Hanseatic Rückenzentrum AG, Board of the Michael Stich foundation for HIV-infected and -affected children

»Ich finde es schön, dass Hamburg eine so grüne Stadt ist. Am meisten fasziniert mich die Alster inmitten der Grossstadt. Aber das Beste ist, dass Hamburg meine Heimat und mein Zuhause ist. Die schönste Stadt Deutschlands.«

Michael Stich, Wimbledonsieger, Gesellschafter der Hanseatic Rückenzentrum AG, Vorstand der Michael Stich Stiftung zu Gunsten HIV- infizierter und -betroffener Kinder

Hotel Louis C. Jacob

Das preisgekrönte und traditionsreiche Hotel besteht seit 1791 und liegt direkt an der Elbchaussee in Nienstedten. Im Jahr 1902 malte hier Max Liebermann sein berühmtes Ölbild der Lindenterrasse des Restaurants. Nicht nur von der Terrasse, sondern auch aus den Zimmern und Suiten des Hotel kann man einen fantastischen Elbblick genießen.

Hotel Louis C. Jacob

The award-winning and traditional hotel exists since 1791 and is located directly at the Elbchaussee in Nienstedten. In the year 1902 Max Liebermann painted his famous picture in oil paint of the Lindenterrace of the Restaurant. Not only the terrace but also the rooms and suites offer a fantastic view over the Elbe river.

»Hamburg is a modern metropolis with tradition and maritime flair. The exceptional location at Elbe river and Alster, the combination of municipal and countless green parks, the pulsing harbour and the big cultural offer make Hamburg unique and assure best quality of life. «

Jost Deitmar, Managing Director Hotel Louis C. Jacob

»Hamburg ist eine moderne Metropole mit Tradition und maritimem Flair. Die aussergewöhnliche Lage an Elbe und Alster, der Wechsel von Städtischem und den unzähligen Grünflächen, der pulsierende Hafen sowie das reiche kulturelle Angebot machen Hamburg einzigartig und bieten beste Lebensqualität.«

Jost Deitmar, Geschäftsführender Direktor Hotel Louis C. Jacob

LOUIS C. JACOB
CHRISTIAN MEIER 2004

Witthüs

Witthüs ist plattdeutsch und bedeutet Weißes Haus. Um 1800 wurde es als Gästehaus des Landhauses des Reeders und Kaufmanns Johann Cesar IV Godeffroy gebaut. Seit 1964 wird es als Café und Restaurant genutzt. Besonders beliebt ist die Terrasse, von der aus man einen herrlichen Blick auf die Godeffroysche Villa sowie in den Hirschpark hat. Der Hirschpark mit seiner berühmten Lindenallee ist seit 1927 öffentlich und verfügt noch heute über ein Damwildgehege.

Witthüs

Witthüs is low German for White House. It was built around 1800 as a guesthouse of the country house of the shipowner and businessman Johann Cesar IV Godeffroy. It is used as a café and restaurant since 1964. Especially popular is the terrace, from where one has a magnificent view to the Godeffroy-Villa and the "deer park". The "deer park" with its famous avenue of lime trees is open to public since 1927 and still has an enclosure with fallow-deer.

»Hamburg is the most beautiful city with the most beautiful suberb (Kampen/Sylt) and the most beautiful rain in Germany.«

Kai Diekmann, Chiefeditor BILD

»Hamburg ist die schönste Stadt mit dem schönsten Vorort (Kampen) und dem schönsten Regen in Deutschland.«

Kai Diekmann, Chefredakteur BILD

Süllberg

Der 75 Meter hohe Süllberg ist der Kern des Blankeneser Treppenviertels. Dicht bebaut mit ehemaligen Fischer-, Kapitäns- und Kaufmannshäusern gehört er zu den ganz besonderen „Stadtteilen“ von Blankenese. Auf der Spitze des Berges bietet die erstklassige Süllberg Gastronomie ein Gourmetrestaurant, ein Bistro, einen Biergarten im Sommer, einige deluxe Gästezimmer und natürlich einen herrlichen Blick über die Elbe und Schweinesand bis zum Alten Land.

Süllberg

The Süllberg is 75 meters high and core of the Blankeneser Treppenviertel (“Quarter of Stairs”). With its densely built houses of former fishermen, captains and businesspeople it belongs to the very special quarters of Blankenese. On top of the hill there is the first class Süllberg gastronomy with a gourmet restaurant, a bistro, a “Biergarten” in the summer, some luxury guest rooms and certainly a marvellous view over the Elbe river and Schweinesand to the Alte Land.

»Hamburg`s peculiarity is the proximity to the water and the harbour – Hamburg is the “Gate to the world”!«

Karlheinz Hauser, Managing Partner Süllberg Hotel and Gastronomy

»Hamburgs Besonderheit ist die Nähe zum Wasser und zum Hafen – Hamburg ist das Tor zur Welt!«

Karlheinz Hauser, Geschäftsführender Gesellschafter Süllberg Hotel u. Gastronomie

»The people in Hamburg are able to change over from grumbling around to lovingly kindness in no time.«

Klaus Schümann, Publisher

Blankeneser Leuchtturm

Dieser Leuchtturm ist seit 1984 in Betrieb und steht direkt am Wasser des Blankeneser Elbstrandes. Zu seinen Füßen herrscht bei schönem Wetter ein buntes Strandleben. Zu Ostern wird hier eines der vier großen Osterfeuer am Elbstrand abgefackelt.

Lighthouse of Blankenese

This lighthouse is in operation since 1984 and is located directly at the beach of Blankenese. When the weather is fine one can experience a busy beachlife. On Easter Saturday there are four big bonfires on the beach, one of them closely to the lighthouse.

»Die Hamburger sind in der Lage, ruckzuck von gnaddeliger Nörgeligkeit zu liebreizender Nettigkeit umzuschalten.«

Klaus Schümann, Verleger

Queen Mary 2

Die Queen Mary 2 wurde im Januar 2004 von Queen Elisabeth II getauft. Im Sommer des selben Jahres lief sie zum ersten Mal in Hamburg ein. Hunderttausende Schaulustige ließen es sich nicht nehmen, bei Volksfeststimmung das mit einer Länge von 345 Metern und einer Breite von 41 Metern größte Kreuzfahrtschiff der Welt aus der Nähe zu bewundern.

Queen Mary 2

The Queen Mary 2 was dubbed by Queen Elisabeth II in January of 2004. In the summer of the same year it was visiting Hamburg for the first time. Hundreds of thousands of enthusiastic spectators were present when the world`s biggest luxory cruiser, 345 meters long and 41 meters wide, ran into Hamburg port.

QUEEN MARY VOR BLANKENESE

»THE ABSOLUTE CLASS OF DESIGN, ARCHITECTURE AND STYLE; THE QUALITIY OF LIFE AND THE INTERNATIONALITY MAKE HAMBURG TO A VERY SPECIAL CITY!«

Alexandra v. Rehlingen-Prinz, Public relations manager

»Die absolute Klasse an Design, Architektur und Stil; die Lebensqualität und die Internationalität machen Hamburg zu einer ganz besonderen Stadt!«

Alexandra v. Rehlingen-Prinz, Public Relations Managerin

»So much green, so much water, so much wind, so much more in my home city.«

Rolf Zuckowski, Songwriter

Blankeneser Treppenviertel

Nach einem längeren Spaziergang durch das Treppenviertel weiß man, was man getan hat. Ein Labyrinth von fast 5000 Stufen führt über die vielen Treppen und schmalen Gassen an wunderschönen traditionsreichen Häusern vorbei. Zum Glück gibt es jede Menge Cafés und Restaurants zum Kräfte sammeln. Die Buslinie 48, liebevoll „Bergziege“ genannt, kurvt die serpentinenartige Blankeneser Hauptstraße bis zum Strandweg hinab und dann den Waseberg wieder hoch.

Blankenese`s „Quarter of stairs“

After a long walk through the Treppenviertel one has enough exercise for the day. Almost 5000 steps lead through the narrow gangways, passing beautiful traditional houses. Luckily there are lots of cafés and restaurants for recovering. The busline 48, affectionately called “mountain goat”, curves down the grapevinelike Blankeneser Hauptstraße, along the Strandweg and back up the Waseberg.

»So viel Grün, so viel Wasser, so viel Wind, so viel mehr in meiner Heimatstadt.«

Rolf Zuckowski, Liedermacher

Leuchtturm Wittenbergen

Seit 1900 in Betrieb steht er inmitten des Naturschutzgebietes Wittenbergener Heide und Elbwiesen in Rissen. Spaziergänger können hier den Wittenbergener Strand und das Falkensteiner Ufer genießen, und auch zum Forst Klövensteen mit seinen 60 Kilometer langen Wanderwegen, dem Schnaakenmoor und dem Wildgehege ist es nur ein Katzensprung.

Lighthouse Wittenbergen

In operation since 1900 it is located directly in the nature reserve of Wittenbergener Heide and Elbwiesen in Rissen. Strollers can enjoy the Wittenbergener Strand ("beach") and Falkensteiner Ufer ("shore"). Also nearby is Forst Klövensteen with its 60 kilometers long footpaths, the Schnaakenmoor and the game preserve.

»I love the many green areas around Hamburg!«

Edgar Bessen, Actor

»Ich liebe das viele Grün um Hamburg herum!«

Edgar Bessen, Schauspieler

EUCHTTURM
VITTENBERGEN
CHRISTIAN
MEIER 2003

Historisches Haus in Finkenwerder

Die Menschen in diesem Stadtteil südlich der Elbe lebten früher von der Fischerei und der Landwirtschaft (Getreideanbau). Später entschied man sich für den ertragreicheren Obstanbau. Das Alte Land mit seinen riesigen Obstplantagen ist nicht weit entfernt. Im Laufe der Jahre haben sich hier mehrere kleine Werften angesiedelt. Über Hamburgs Grenzen hinaus bekannt wurde der Stadtteil durch die Firma Airbus, die sich hier ebenfalls niederließ.

Historic house in Finkenwerder

The people in this part of town south of the Elbe river were making their living with commercial fishing and farming (growing of cereals). Later they changed to fruit-growing. The Alte Land with its giant fruit plantations is not far away. Throughout the years several little dockyards established. Finkenwerder became wellknown nationwide because of the Airbus company that settled here.

»Hamburg has so many atmospheric places, that it was difficult for me to decide, what to paint first. Maybe the most important for me is Finkenwerder, place of my childhood and something like home.«

Christian Meier, Painter

»Hamburg hat so viele stimmungsvolle Orte, dass mir die Entscheidung, was ich zuerst malen sollte, schwer fiel. Der vielleicht wichtigste Platz ist für mich Finkenwerder, Ort meiner Kindheit und so etwas wie Heimat.«

Christian Meier, Maler

CHRISTIAN MEIER

Christian Meier

25.06.68	born in Hamburg
1987	Abitur in Hamburg
1988-89	Civil Service
1990	Free school of Art, Hamburg
1990-93	Freelancer in graphic design, later fotodepartment of TVSpielfilm
1993-95	Study of Psychology, Ernst-Moritz-Arndt-University, Greifswald
1995-99	Study of Arttherapy / Artpedagogics, Fachhochschule Ottersberg (diploma)
1995-97	Study of Arthistorypedagogics, F.-S. von Schiller-Institut, Ottersberg (diploma)
1997-99	Manager of the gallery »augenart« in Blankenese
1998-01	Organisation and teaching in several artcourses at VHS Hamburg as well as at Daimler-Chrysler AG
1999-00	Fotoeditor at Tomorrow Internet AG
1999-01	Organisation of exhibitions at ArtforTomorrow, Hamburg
2000-02	Direction of the fotodepartment of Tomorrow Focus AG
ab 2002	Teaching in artcourses in Hamburg and Italy
	Exhibitions in Hamburg, Bremen, Worpswede and Fischerhude
	Ordered paintings for Daimler-Chrysler, ministry of aerospace, Deutsche Airbus, Hacklin Seatrans, etc.
	works are public and private property

Christian Meier

25.06.68	geboren in Hamburg
1987	Abitur in Hamburg
1988-89	Zivildienst
1990	Freie Kunstschule Hamburg
1990-93	freie Mitarbeit in der Graphik, später in der Bildredaktion TVSpielfilm
1993-95	Studium der Psychologie, Ernst-Moritz-Arndt-Universität, Greifswald
1995-99	Studium der Kunsttherapie / Kunstpädagogik, Fachhochschule Ottersberg (Diplom)
1995-97	Studium der Kunstgeschichtspädagogik, F.-S. von Schiller-Institut, Ottersberg (Diplom)
1997-99	Künstlerische und kaufmännische Leitung der Galerie »augenart« in Blankenese
1998-01	Durchführung verschiedener Zeichen- und Malkurse bei der VHS Hamburg sowie bei Daimler-Chrysler AG
1999-00	Bildredakteur bei der Tomorrow Internet AG
1999-01	Organisation und Durchführung von Ausstellungen bei ArtforTomorrow, Hamburg
2000-02	Leitung der Bildredaktion der Tomorrow Focus AG
ab 2002	Kursangebote in Zeichnen, Malen etc. in Hamburg und Italien
	Ausstellungen in Hamburg, Bremen, Worpswede und Fischerhude
	Auftragsarbeiten für Daimler-Chrysler, Luft- und Raumfahrtministerium, Deutsche Airbus, Hacklin Seatrans, etc.
	Arbeiten in öffentlichem und privatem Besitz

Impressum

»Malerisches Hamburg«
erscheint im

HEINTZEVERLAG

Hamburg
Anke u. Jesco v. Heintze

1. Auflage 2005
ISBN 3-00-015286-5

Alle Bilder gemalt von
Christian Meier

Bildbearbeitung: Tanja Woytowitz

Verlagsanschrift:
HeintzeVerlag
Tinsdaler Heideweg 93
22559 Hamburg
Telefon: 040 - 86 64 23 50
Fax: 040 - 86 64 22 64
E-Mail: info@heintzeverlag.de
www.heintzeverlag.de

Printed in China